CONGRÈS INTERNATIONAL

D'HYGIÈNE ET DE DÉMOGRAPHIE

A PARIS EN 1889

PREMIÈRE QUESTION

Mesures d'ordre législatif, administratif et médical

Prises dans les divers pays pour la protection de la santé et de la vie de la première enfance

RAPPORT

Par M. le docteur LANDOUZY

Médecin des hôpitaux, professeur agrégé de la Faculté de médecine de Paris

Et M. le docteur H. NAPIAS

Inspecteur général des Services administratifs du Ministère de l'intérieur

PUBLICATIONS DES *ANNALES ÉCONOMIQUES*

CHALLAMEL ET Cie

5, RUE JACOB, ET RUE FURSTENBERG, 2

PARIS

EXPOSITION UNIVERSELLE DE 1889

CONGRÈS INTERNATIONAL D'HYGIÈNE & DE DÉMOGRAPHIE

PREMIÈRE QUESTION

MESURES D'ORDRE LÉGISLATIF, ADMINISTRATIF & MÉDICAL

PRISES DANS LES DIVERS PAYS

POUR LA PROTECTION DE LA SANTÉ ET DE LA VIE DE LA PREMIÈRE ENFANCE

Rapport par M. le docteur LANDOUZY

Médecin des hôpitaux, professeur agrégé à la Faculté de médecine de Paris

Et M. le docteur H. NAPIAS

Inspecteur général des Services administratifs du Ministère de l'intérieur

La mortalité infantile est considérable, effrayante dans tous les pays : elle l'est surtout dans les douze premiers mois de la vie, puisqu'elle peut atteindre dans cette période jusqu'à 34 p. 100, soit plus du tiers des enfants de cet âge.

A Paris seulement, la mortalité infantile s'est élevée :

				Mortalité totale
En 1881,	pour les enfants de 1 jour à 1 an,		à 10.180	57.066
En 1882,	—	—	10.541	58.702
En 1883,	—	—	10.282	56.707
En 1884,	—	—	9.970	56.970
En 1885,	—	—	8.897	54.616
En 1881,	pour les enfants de 1 an à 2 ans,		à 3.415	
En 1882,	—	—	3.320	
En 1883,	—	—	3.555	
En 1884,	—	—	3.803	
En 1885,	—	—	3.367	

Ce simple relevé, autant que l'étude des maladies du premier âge — qui montre que parmi ces maladies beaucoup sont évitables — fait comprendre quelle place doivent tenir dans un congrès d'hygiénistes toutes les questions ressortissant à la défense et au maintien de la santé des nouveau-nés, et cela surtout dans un pays comme le nôtre où la natalité est relativement faible.

Cette question de la protection de l'enfance, plusieurs fois déjà a été portée devant les Congrès d'hygiène; c'est ainsi, qu'en 1878, à Paris, elle avait fait l'objet d'un important rapport de MM. Bergeron, Bertillon et Marjolin; mais les savants rapporteurs s'étaient spécialement attachés à discuter la question des tours, examinant les avantages et les inconvénients de leur suppression définitive. D'autre part, ils signalaient, par la plume de Bertillon, la nécessité de mieux tenir la comptabilité des existences et surtout de la tenir d'une façon rationnelle et uniforme.

La question des tours semble jugée; ce serait aujourd'hui une question oiseuse à agiter, le public ayant pris parti pour la suppression définitive, et l'abandon à bureau ouvert étant chaque jour mieux accepté et plus discrètement pratiqué. Le nombre des enfants trouvés est devenu insignifiant dans la plupart des départements, et dans quelques-uns même on peut dire que l'enfant trouvé est une véritable rareté.

Quant à la comptabilité des existences, elle est encore bien imparfaite, bien insuffisante dans la plupart des cas et, même en France, où il serait si nécessaire de connaitre la mortalité dans la première et dans la seconde année, pour pouvoir apprécier les résultats du service de protection institué par la loi Roussel, protection qui s'étend jusqu'à la fin de la deuxième année, on ne distingue pas généralement, dans les statistiques dressées par les villes, les décès de un à deux ans; on se borne à enregistrer séparément la mortalité de zéro à un an, faisant ensuite une masse commune des décès de un à cinq ans.

La question de la mortalité infantile nous semble devoir être reprise de nouveau, et il nous a paru qu'il fallait profiter du Congrès international d'hygiène de 1889 pour faire une enquête qui établiera en pleine lumière :

1° L'étendue et la gravité du mal;

2° La diversité, l'insuffisance ou l'inanité des remèdes employés contre lui;

3° La nécessité de faire autrement et plus que ce qui a été tenté en tous pays, puisque la morbidité et la mortalité infantiles ne semblent guère avoir bénéficié des renseignements et des bienfaits de l'hygiène.

Nous avons voulu d'abord faire sur ce mal général une sorte de consultation européenne; pour ce, nous nous sommes adressé, dans les divers pays, à un certain nombre de nos collègues et de nos amis, dont nous connaissions la haute compétence et dont nous avions déjà pu apprécier l'obligeance.

Nous leur avons adressé les questions suivantes :

1° Quelle est, dans votre ville, la mortalité générale annuelle par 1,000 habitants ?

2° Sur 1,000 enfants de 0 à 2 ans, combien de décès par an?

3° Quelles causes paraissent influer sur l'excessive mortalité des enfants ?

4° A-t-il été pris, dans votre pays, des mesures légales, administratives, hygiéniques, médicales, soit par le gouvernement, soit par les communes, soit par des particuliers, pour diminuer la mortalité des enfants du premier âge ?

5° Quelles sont ces mesures et quels résultats en a-t-on obtenu?

Les documents qui nous sont parvenus nous ont montré, par leur inégale valeur et par leur défaut général de n'étudier la question que par quelques-uns des côtés, l'impossibilité de présenter un travail qui répondit aux justes préoccupations des hygiénistes qui ont posé la première question du programme du congrès.

Notre travail aboutira à poser les éléments d'une enquête qu'il n'a pas dépendu de nous de mener plus avant, les éléments faisant défaut.

L'insuffisance de ces éléments, — en dépit de la bonne volonté de nos correspondants et de l'internationalité de notre enquête, nous a confirmé :

1° Dans l'idée que nous avions de l'utilité d'une enquête scientifiquement conduite sur le *quantum* et sur les causes de la mortalité infantile ;

2° Dans la pensée que les éléments d'une pareille enquête devaient être discutés et acceptés dans une réunion internationale d'hygiénistes.

Les réponses à la première question adressée à nos correspondants :

(Quelle est, dans votre ville, la mortalité annuelle par 1,000 enfants de 1 jour à 2 ans ?) ne pouvaient être très concordantes.

Les statistiques, très détaillées dans quelques villes, sont insuffisantes dans la plupart des autres; elles devraient être faites sur un même modèle et fournir un point de départ uniforme pour permettre de comparer utilement les résultats ultérieurs.

Nous pouvons cependant savoir à peu près, aujourd'hui, quelle est la mortalité annuelle pour 1,000 enfants de 0 à 1 an et de 1 à 5 ans. Le tableau suivant indique ces chiffres d'après les *Confronti internationali*, et d'après les renseignements que nous a fournis notre ami le docteur J. Bertillon :

Pour 1,000 habitants de 0 à 1 an et de 1 à 5. Combien de décès en un an ?

	0 à 1 an	1 à 5 ans	Sur 1,000 h. de tous âges.
Italie	234.9	66.6	30.1
France	179.8	27.5	22.3
Angleterre et Galles	167.5	32.6	22.2
Écosse	121.6	59.8 (de 0 à 5 ans)	22.6
Irlande	96.8	19.3	17.7
Prusse	222.2	40.6	25.9
Bavière	319.6	116.7 (de 0 à 5 ans)	30.5
Saxe	312.3	114.9 (de 0 à 5 ans)	29.3
Wurtemberg	340.7	29.6	27.1
Bade	268.9	29.0	25.5
Alsace-Lorraine	240.9	33.4	25.9
Autriche	230.2	52.8	30.1
Suisse	220.1	23.1	23.8
Belgique	176.3	34.0	24.6
Pays-Bas	195.5	30.3	22.8
Suède	127.9	26.1	17.5
Norwège	101.3	18.6	16.2
Danemarck	151.9	20.9	19.0
Espagne	239.7	64.3	29.7
Portugal		132.5 (0 à 5 ans)	20.5
Grèce	91.9	26.8	18.3
Finlande	165.6	38.1	21.5

Mais ces statistiques, qui établissent la moyenne d'un pays, ne sont pas satisfaisantes. Elles ne rendent nullement compte d'inégalités vraiment singulières, qui font que la mortalité de la première année varie presque du simple au quadruple (Grèce 91.9, Wurtemberg 340.7). Il faudrait, pour être exactement renseigné, entrer dans beaucoup de détails englobant à la fois le sol, la production, la population, les conditions sociales, savoir, notamment, la proportion de la mortalité infantile dans les villes et les campagnes, distinguer entre les villes celles qui sont plus particulièrement industrielles ; il faudrait même, allant plus avant dans la précision, savoir les causes de mort par groupe d'âge, et pour chaque cas de décès pouvoir faire une enquête où l'on tiendrait compte du mode d'alimentation, des conditions climatériques, des conditions du logement, des habitudes et des préjugés locaux, et qui essayerait de rechercher, pour toutes les affections transmissibles, la filière de la transmission (1).

Les causes auxquelles on attribue aujourd'hui l'excessive mortalité des enfants ont une certaine banalité qui tient à ce qu'elles sont beaucoup trop générales.

Les savants hygiénistes qui ont bien voulu nous donner leur avis sur ces causes se rencontrent pourtant sur un certain nombre de points :

M. le professeur Bambas (d'Athènes), invoque la pauvreté, la chaleur excessive de l'été, l'alimentation défectueuse et prématurée, la mauvaise habitation, les préjugés locaux.

Le docteur Combes (de Lausanne) adresse surtout des reproches à l'alimentation défectueuse et à l'emploi de biberons à tubes. La ques-

---

(1) Voici des renseignements qui nous ont été transmis pour quelques villes et quelques pays :

STOCKHOLM (Dr *Klas Linroth*). — Pour 100 habitants de tout âge : 1887, 21.6 décès annuels ; 1888, 20 décès annuels. — Pour 1,000 enfants de 0 à 2 ans, moyenne 135 décès.

TURIN (Dr *Pacchiotti*). — Habitants de tout âge : 1888, 21.75 %. — Enfants de 0 à 2 ans, 110 %.

COPENHAGUE (Dr *Hornemann*). — Habitants de tout âge : Moyenne de 10 ans, 23,1 %; 1888, 21,6 %. — Enfants de 0 à 2 ans : moyenne de 16 ans, 221 %, 1888, 206 %.

BUDAPESTH (*Korosi*). — Habitants de tout âge : 1888, 31,7 %. — Enfants de 0 à 2 ans : moyenne, 287 %.

LAUSANNE (Dr *Combes*). — Enfants de 0 à 1 an, 179 %.

BRUXELLES (Dr *Jansens*), — Enfants de 0 à 1 an, 193 %. — Enfants de 1 à 2 ans, 80 %.

LIÈGE (Dr *Kuborn*). — Habitants de tout âge : 22.93 %. — Enfants de 0 à 2 ans, 233 %.

SERAING (Dr *Kuborn*). — Habitants de tout âge : 22,36 %. — Enfants de 0 à 2 ans, 219 %.

A Gand, la mortalité infantile n'est établie que de 0 à 5 ans. — A Anvers, la mortalité n'est établie que sur l'ensemble de la population, c'est-à-dire sur le chiffre total des habitants sans distinguer les vivants de chaque âge.

SAINT-PÉTERSBOURG (Dr *Do Troslavine*). — Habitants de tout âge : 1887, 27,1 %. — Enfants de 0 à 1 an : 1887, 262,3 %.

SAINT-PÉTERSBOURG (*Jahnson*). — Habitants de tout âge : moyenne, 28,8 %. — Enfants de 0 à 1 an : moyenne, 254 %.

tion du choix des biberons a paru assez grave pour que l'autorité cantonale ait commencé une enquête pour rechercher si elle ne doit pas interdire absolument les biberons de certains fabricants.

M. le professeur Janhson (de Saint-Pétersbourg) voit les causes de l'excessive mortalité des enfants dans les mauvaises conditions d'hygiène générale ; il ne lui paraît pas qu'on doive incriminer dans son pays l'allaitement artificiel, le biberon étant peu en usage et l'allaitement au sein étant au contraire la règle générale. Il conviendrait de savoir si l'allaitement au sein est *exclusif*, ou si on ne donne pas prématurément une alimentation mixte.

M. le docteur Wassefuhr (de Berlin) accuse la chaleur des mois d'été, la pauvreté des parents, l'illégimité.

On sait qu'à Berlin même, M. Bœckh a montré, par des recherches statistiques extrêmement remarquables, que ni l'âge des enfants, ni leur filiation légitime ou illégitime, ni le degré d'aisance des parents, ne peuvent expliquer la différence de la mortalité entre les enfants nourris au sein ou au biberon et qu'il a prouvé que la différence énorme (7 et 45 pour 1000 vivants) est due tout entière au mode d'alimentation.

M. le docteur Félix (de Bucharest) donne à l'alimentation défectueuse la première place parmi les influences léthales pendant la première enfance.

C'est l'avis de M. le professeur Van Overbeck de Meyer (d'Utrecht) et c'est aussi celui de M. Janssens (de Bruxelles) qui fait remarquer que les maladies gastro-intestinales figurent pour plus d'un tiers dans la mortalité. A Gand, il en est de même, selon le docteur Du Moulin : on donne des féculents à l'enfant dès les premiers jours de sa naissance ; les enfants manquent de soins pendant la plus grande partie du temps, leurs mères travaillant aux fabriques. Le docteur Desguins (d'Anvers) classe les causes dans l'ordre suivant :

1° Alimentation défectueuse.

2° Mauvaise hygiène générale ; encombrement, chaleur excessive des chambres, fumée de tabac, sortie au froid sans vêtements suffisants :

3° Préjugés populaires : On ne soigne pas les maladies qui *paraissent* provenir de la dentition, ni les fièvres éruptives, ni la coqueluche. Pour les convulsions on a recours à quelque charlatan ou aux pratiques pieuses en l'honneur de tel ou tel saint renommé.

M. Kuborn (de Liège) indique de son côté que l'ignorance, la malpropreté, la superstition, ont une part importante dans les causes de l'excessive mortalité infantile (1).

M. le sénateur Pacchiotti, de Turin, dit que beaucoup d'enfants meurent faute de lait sain ou par suite des conditions hygiéniques défectueuses des habitations (2).

M. le docteur Hornemann (de Copenhague) qui paraît avoir étudié de très près la question dans son pays, établit la classification suivante des causes de la mortalité du premier âge :

1° Naissance illégitime;

2° Nourriture défectueuse ou malsaine;

3° Habitations insalubres dans les quartiers encombrés de la ville;

4° Mauvais traitements des nourrissons;

5° Abus de l'alcool; défaut de propreté.

Mais ces causes sont elles uniques? Quelle est leur importance absolue ou relative? Quel est leur mode d'action? Comment par exemple agissent l'allaitement artificiel et l'alimentation prématurée? N'est-ce pas surtout, comme agent de transmission des maladies infectieuses?

Il ne paraît plus douteux (à ne s'en tenir qu'à la fréquence de la tuberculose du premier âge) que le lait n'ait pu être le vecteur du bacille, parce que ce lait provenait de vaches laitières tuberculeuses (3). Même pathogénie peut être invoquée dans les cas d'alimentation prématurée si malencontreusement faits avec la viande crue. Il ne

(1) Il y a un saint particulier pour l'érysipèle, un autre pour les maux d'yeux, un pour les convulsions, un pour l'hydropisie, un pour la rage, un pour le choléra, etc. On transporte les enfants de très loin souvent dans les chapelles renommées et ils meurent quelquefois du seul voyage.

(2) Les préjugés qui règnent à propos de la médecine des enfants sont semblables à ceux des autres pays. Pétrissage de la tête de l'enfant à la naissance dans le but de la lui arranger; frictions sur les *nævi* avec un morceau du placenta, épithèmes d'huile minérale appliqués sur le creux de l'estomac contre les convulsions et pour tuer les vers; frictions pratiquées sur les gencives avec la crête saignante d'un jeune coq pour faciliter la dentition; l'abus du sirop diacode, du sirop de chicorée composé contenant du jalap, l'abus des purgatifs et de la santonine tenant à ce que les enfants ont soi-disant des vers dans toutes les maladies.

(3) D'une enquête récemment faite sur les rapports existant entre la tuberculose et la mortalité infantile, il résulte qu'il est mort à Paris, en cinq ans, de 1884 à 1885, de un jour à deux ans : 1° de tuberculose *déclarée*, 1,531 enfants sur 67,330 décès d'enfants du même âge; 2° de tuberculose *calculée*, 11,662 enfants, sur 67,330 décès du même âge. (*Revue de Médecine*, octobre 1888.)

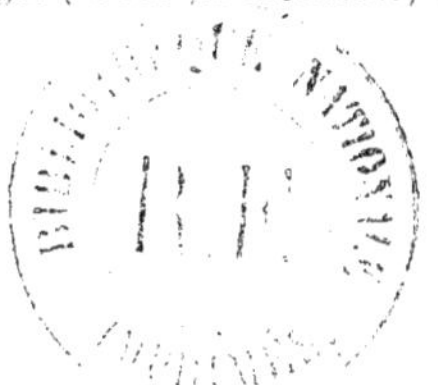

paraît plus douteux non plus que la contagion infantile de la fièvre typhoïde se fait par l'eau contaminée qui sert aux coupages.

Une étude méthodique et analytique des causes des décès infantiles, permettra de résoudre ces questions et de prendre les mesures légales ou administratives efficaces, en même temps qu'elle permettra de réformer, en les améliorant, les nombreuses œuvres privées instituées dans tous les pays pour la protection de la première enfance. En attendant, il semblerait nécessaire que les œuvres privées, qui se donnent pour mission la protection des nouveau-nés, aient à côté d'elles un comité médical dont la mission serait de régler absolument et dans les plus petits détails les questions relatives à l'alimentation.

Dans tous les pays des hôpitaux d'enfants se créent, se modifient, se perfectionnent régulièrement quoique lentement; des crèches se fondent; des sociétés de charité maternelle se développent; il y a près de cent sociétés de ce genre en France; le nombre des crèches est beaucoup plus considérable; dans Paris et la banlieue seulement on en compte près de cinquante. Dans ces sociétés, en particulier, l'alimentation est encore souvent réglée empiriquement plutôt que scientifiquement, et il serait bon que les médecins fussent mis en situation de rappeler aux directrices des crèches et des sociétés maternelles combien les contacts et l'alimentation artificielle sont les moyens de propagation des affections contagieuses (1).

Dans beaucoup de pays, soit en France, soit à l'étranger, les services de l'état civil remettent aux parents, au moment de chaque déclaration de naissance, une brochure contenant des conseils hygiéniques pour l'éducation de la première enfance. Cette pratique serait excellente si elle était générale et surtout si les familles consentaient à lire les brochures qu'on leur remet. Il nous paraît que les excellents conseils que donnent ces petits opuscules devraient être appris par cœur dans les écoles de filles; il resterait quelques saines notions dans l'esprit de la jeune femme et de la jeune mère.

A Stockolm, à Berlin on a réglementé la vente du lait. Il est possible que cette réglementation ait de bons effets, mais ni M. Klas Linroth pour Stockholm, ni M. Wasserfuhr pour Berlin n'osent

(1) Nous citerions aisément des crèches qui pourraient être considérées comme responsables de certains cas de fièvre typhoïde ou de tuberculose par suite de l'habitude de donner du lait non bouilli et de couper le lait avec de l'eau non filtrée et non bouillie.

l'affirmer. A Paris, on a remarqué que les affections gastro-intestinales de la première enfance avaient diminué depuis qu'une surveillance active est exercée sur les falsifications du lait mis en vente. Ce qu'il faudrait pouvoir règlementer, ce serait peut-être la manière de mettre le lait à l'abri de toute souillure, de le conserver (1) et de l'administrer aux enfants (2); — cela paraîtra sans doute assez difficile.

A Lausanne, l'autorité sanitaire cantonale donne des conférences annuelles aux sages-femmes *qui sont tenues d'y assister*; on y insiste particulièrement sur l'emploi rationnel des biberons.

A Bucharest, le Conseil municipal a règlementé la surveillance des enfants élevés hors de leur famille; le règlement est une ingénieuse imitation de notre loi Roussel.

En Hongrie, la loi XIV de 1876, contient les articles suivants qui visent la protection de l'enfance :

§ 20. — Toute personne autorisée à soigner des enfants, ou toute personne qui s'est chargée de ce soin est tenue de recourir à l'assistance d'un médecin, en cas de maladie de tout enfant au-dessous de sept ans.

§ 21. — Ceux qui manquent à ce devoir sont passibles d'une amende de 10 florins au maximum, ou deux jours d'arrêt. Cette amende sera proportionnelle au degré de négligence; le maximum ne pourra être appliqué qu'en cas de récidive.

§ 23. — Les vérificateurs des décès doivent informer la municipalité de tous les cas où un enfant de moins de sept ans serait mort sans traitement médical. La municipalité doit en référer à l'autorité d'hygiène de 1re Instance.

§ 24. — Celui qui veut prendre chez lui des enfants en nourrice ou en pension doit en informer la mairie qui, après la constatation de l'état de santé de la nourrice et de la salubrité du logement, en donne l'autorisation si le résultat des constatations est satisfaisant. Dans le cas contraire, la mairie refuse et soumet le cas à l'autorité d'hygiène de 1re Instance.

---

(1) Une tentative simple et originale est faite en ce moment par un exposant suisse qui, dans une sorte d'autoclave, fait bouillir chaque matin la série de biberons destinée à l'alimentatation de la journée. Une pince à pression continue assure, après l'ébullition, la fermeture de chaque biberon.

[illegible] ases où sont conservés le lait doivent toujours être lavés à *l'eau bouillante*.

§ 25. — Une femme ne peut prendre en nourrice qu'un seul enfant, la mairie doit tenir un tableau de tous les enfants en nourrice.

§ 26. — L'emploi de remèdes soporifiques ou narcotiques sans ordonnance du médecin est prohibé, et peut être puni d'une amende de 5 à 20 florins, soit 4 jours de prison.

En France, la belle loi de protection des enfants du premier âge, qui porte le nom de notre éminent collègue, le docteur Th. Roussel, n'est pas encore suffisamment appliquée pour que ses résultats puissent être très nettement appréciés. Ils sont réels pourtant ; on les constate sans pouvoir encore les mesurer. C'est d'ailleurs une loi qui sera quelque jour modifiée, rendue plus simple, et qui pourra être plus impérative si elle s'appuie sur les données scientifiques que chaque jour apporte, pour l'histoire de la pathologie infantile.

Ce qui nous paraît utile, c'est que l'action législative et administrative, légitimée par la mortalité infantile, constatée par la statistique, puisse suivre au jour le jour les nécessités révélées par les études d'hygiène.

Pour en arriver là, pour remédier à un état de choses aussi détestable, il faut connaître les causes si complexes de la mortalité du premier âge et, à ce point de vue, nous sommes obligés de constater que presque tout reste à faire, surtout si nous envisageons les inégalités si singulières relevées dans la mortalité des enfants, suivant que nous considérons, par exemple, ce qui se passe d'une part en Suède et d'autre part dans le Wurtemberg, et que nous constatons de l'un à l'autre de ces pays une différence du simple au triple (1).

En résumé, nous en arrivons à constater l'insuffisance réelle des mesures d'ordre législatif, administratif et médical prises dans les divers pays pour la protection de la santé et de la vie de la première enfance.

Une enquête complète, scientifiquement conduite, est à faire, et nous demandons au Congrès d'en établir les bases après une discussion sur les propositions que nous avons l'honneur de lui soumettre :

1° Il est nécessaire que dans tous les pays on adopte un mode uniforme pour la statistique de la mortalité des enfants du premier âge. Cette statistique devrait noter les enfants d'année en année depuis la naissance jusqu'à cinq ans.

(1) Il est évident que l'ambition de tous les gouvernements doit être, en imitant ce qui aura été fait dans le pays privilégié, de ramener le taux de la mortalité infantile au minimum. — Il n'est pas admissible, avec les enseignements et les ressources de l'hygiène, qu'une nation laisse mourir trois nouveau-nés, quand sa voisine n'en laisse succomber qu'un.

2° L'enregistrement des décès des enfants ne devrait se faire qu'après une enquête rigoureuse portant sur les points suivants :

Nature de la maladie qui a occasionné la mort.

Date exacte de la naissance (1).

Mode d'élevage (sein, biberon, mixte, autres genres d'alimentation).

Nature du biberon employé.

Nature du lait.

Maladies transmissibles dont auraient pu être atteints les parents de l'enfant où les personnes qui lui donnent des soins.

Salubrité du logement occupé par les parents ou les nourriciers.

3° Toute mesure légale, administrative ou privée, qui favorisera l'allaitement maternel, servira au mieux l'hygiène infantile. L'allaitement artificiel est, de tous les moyens de contagion, l'un des plus sûrs pour les maladies infectieuses (Tuberculose); ce qui explique que l'élevage au sein *exclusif* donne aux enfants, toutes choses égales d'ailleurs, des chances de survie considérables (2).

---

(1) Indiquer si l'enfant est né à terme, l'état de santé et la profession de la mère au moment de l'accouchement, le nombre des grossesses antérieures, le mode de terminaison de ces grossesses.

(2) La mortalité si considérable des enfants du premier âge à Paris, dont nous avons cité plus haut les chiffres, peut trouver une explication dans les faits suivants :

D'après les déclarations faites aux mairies des vingt arrondissements de Paris, d'enfants mis en nourrice, nous voyons que :

En 1885, sur 16.281 nourrissons,		6.530	ont été nourris au sein.	
		9.751	ont été nourris autrement (biberon, timbale, petit pot, etc.)	
En 1884 — 17.250	—	6.892	ont été nourris au sein.	
		10.458	—	autrement.
En 1883 — 17.243	—	7.321	—	au sein.
		9.922	—	autrement.

Ce qui fait qu'en somme les trois cinquièmes des nourrissons ont été nourris autrement qu'au sein, sans compter que bon nombre des bébés, parmi les 20.743 déclarés devoir être élevés au sein, auront été, à un moment donné, nourris, soit concurremment au sein et artificiellement, soit uniquement artificiellement, les mamelles venant à se tarir. Ces chiffres ne sauraient donner qu'une idée très approximative de ce qu'est l'allaitement des petits Parisiens, car il ne s'agit ici que des enfants déclarés mis en nourrice, soit à Paris, soit hors Paris. Nous n'avons aucune donnée certaine, pour le surplus des nourrissons parisiens gardés dans les familles, sur le rapport existant entre l'allai-

4° Dans les cas où l'allaitement maternel serait reconnu impossible, il faut encourager le mode d'allaitement artificiel qui donnera le plus de garanties contre la transmission des germes morbides; imposer au besoin le choix d'un biberon et prendre toutes mesures pour assurer la non-contamination du lait.

5° Il convient que les notions d'hygiène infantile soient répandues partout, par tous les moyens possibles (1), dans les villes et dans les campagnes; qu'elles soient apprises aux filles dès l'école primaire, et il faudrait même, dans les grandes villes surtout, annexer, aux écoles primaires, des crèches où les jeunes filles, dans les deux dernières années de l'écolage, apprendraient *pratiquement* à soigner les enfants de premier âge.

6° Dans les villes industrielles toute mesure prise pour diminuer la durée du travail de la femme à l'atelier ou à l'usine, sera une mesure d'hygiène dont l'enfant bénéficiera nécessairement.

---

tement au sein et l'allaitement artificiel. Nous ne serons pas contredit par les médecins qui savent, soit par ce qu'ils voient dans les familles, soit par ce qu'ils apprennent aux consultations des hôpitaux ou des dispensaires, quand nous estimerons à un tiers seulement le nombre de nourrissons élevés, pendant toute la première année, exclusivement au sein. Les deux autres tiers des bébés relèvent soit de l'allaitement mixte, soit du seul allaitement artificiel. Quant à cet allaitement artificiel, pour être bien compris dans certaines familles, il est, même en dehors de la classe ouvrière, d'ordinaire mal exécuté : les biberons laissent souvent à désirer soit comme quantité, soit comme qualité, le lait étant donné inconsidérémment bouilli ou non bouilli, pur ou mélangé. Pour ce qui est des coupages et des mélanges, les choses les plus invraisemblables sont journellement observées en plein Paris. On ne devinerait pas aisément tout ce que certaines mères (qui pourtant veulent du bien à leur enfant) trouvent moyen de faire entrer dans la composition d'un biberon. Nous avons vu les mélanges les plus hétéroclites servir à l'allaitement de certains bébés qui nous étaient présentés. (*Revue de Médecine*, octobre 1888.)

(1) Rien ne serait à la fois plus simple comme moyen ni plus utile comme résultat, que de donner comme exercice de dictée ou de mémoire aux enfants des écoles, des préceptes ou des instructions d'hygiène infantile, analogues aux instructions rédigées tout récemment par la commission permanente du Congrès pour l'étude de la tuberculose et que nous donnons ci-après en appendice.

APPENDICE

INSTRUCTIONS AU PUBLIC

POUR QU'IL SACHE ET PUISSE SE DÉFENDRE

CONTRE LA TUBERCULOSE (1)

I

La tuberculose est de toutes les maladies, dans les villes et même dans certaines campagnes, celle qui fait le plus de victimes.

En 1884, année prise au hasard comme exemple, sur 56,970 Parisiens décédés, environ 15,000 — soit plus du quart — sont morts de tuberculose.

Si les tuberculeux sont si nombreux, c'est que la phtisie pulmo-

---

(1) Ces instructions ont été rédigées par la Commission permanente du Congrès pour l'étude de la tuberculose, composée de :

MM. CHAUVEAU, professeur au Muséum, membre de l'Institut, *président*. — BUTEL, vétérinaire à Meaux, vice-président de la Société de médecine vétérinaire pratique. — CORNIL, professeur à la faculté de médecine de Paris, membre de l'Académie de médecine. — GRANCHER, professeur à la faculté de médecine, directeur des vaccinations à l'*Institut Pasteur*. — LANDOUZY, professeur agrégé à la faculté de médecine, médecin des hôpitaux. — LANNELONGUE, professeur à la faculté de médecine, membre de l'Académie de médecine. — LEGROUX, professeur agrégé à la faculté de médecine, médecin des hôpitaux. — LEBLANC, secrétaire général de la Société centrale de médecine vétérinaire, membre de l'Académie de médecine. — NOCARD, directeur de l'École vétérinaire d'Alfort, membre de l'Académie de médecine. — ROSSIGNOL, vétérinaire à Melun, secrétaire général de la Société de médecine vétérinaire pratique. — VERNEUIL, professeur à la faculté de médecine, membre de l'Institut. — VILLEMIN, ancien médecin-inspecteur de l'armée, membre de l'Académie de médecine. — L. H. Petit, secrétaire général.

Elles ont été revues et approuvées par MM. BOUCHARD, BROUARDEL, POTAIN et PROUST, professeurs à la faculté de médecine de Paris, membres du Congrès et de l'Œuvre de la tuberculose.

naire n'est pas la seule manifestation de la tuberculose, comme on le croit à tort dans le public.

Les médecins considèrent à bon droit, comme tuberculeuses, bien d'autres maladies que la phtisie pulmonaire. En effet, nombre de bronchites, de rhumes, de pleurésies, de gourmes, de scrofules, de méningites, de péritonites, d'entérites, de tumeurs blanches, osseuses et articulaires, d'abcès froids, sont des maladies tuberculeuses, aussi redoutables que la phtisie pulmonaire.

II

La tuberculose est une maladie parasitaire, virulente, contagieuse, transmissible, causée par un microbe — *le bacille de Koch*. Ce microbe pénètre dans l'organisme par le canal digestif avec les aliments, par les voies aériennes avec l'air inspiré, par la peau et les muqueuses à la suite d'écorchures, de piqûres, de blessures et d'ulcérations diverses.

Certaines maladies : rougeole, variole, bronchite chronique, pneumonie ; certains états constitutionnels provenant du diabète, de l'alcoolisme, de la syphilis, etc., prédisposent considérablement à contracter la tuberculose.

La cause de la tuberculose étant connue, les précautions prises pour se défendre contre ses germes sont capables d'empêcher sa propagation.

Nous avons un exemple encourageant dans les résultats obtenus pour la fièvre typhoïde, dont les épidémies diminuent dans toutes les villes où l'on sait prendre les mesures nécessaires pour empêcher le germe typhoïdique de se mêler aux eaux potables.

III

Le parasite de la tuberculose peut se rencontrer dans le lait, les muscles, le sang des animaux qui servent à l'alimentation de l'homme (bœuf, vache surtout, lapin, volailles).

La viande crue, la viande peu cuite, le sang, pouvant contenir le germe vivant de la tuberculose, doivent être prohibés. Le lait, pour les mêmes raisons, ne doit être consommé que bouilli.

IV

Par suite des dangers provenant du lait, la protection des jeunes enfants, frappés si facilement par la tuberculose sous toutes ses formes (puisqu'il meurt annuellement à Paris plus de 2,000 tuberculeux âgés de moins de deux ans), doit attirer spécialement l'attention des mères et des nourrices.

L'allaitement par la femme saine est l'idéal.

La mère tuberculeuse ne doit pas nourrir son enfant, elle doit le confier à une nourrice saine, vivant à la campagne où, avec les meilleures conditions hygiéniques, les risques de contagion tuberculeuse sont beaucoup moindres que dans les villes.

L'enfant ainsi élevé aura de grandes chances d'échapper à la tuberculose.

Si l'allaitement au sein est impossible, et qu'on le remplace par l'alimentation au lait de vache, ce lait donné au biberon, au petit-pot ou à la cuiller, doit toujours être bouilli.

Le lait d'ânesse et de chèvre offre infiniment moins de danger à être donné non bouilli.

V

Par suite des dangers provenant de la viande des animaux de boucherie, qui peuvent conserver toutes les apparences de la santé alors qu'ils sont tuberculeux, le public a tout intérêt à s'assurer que l'inspection des viandes, exigée par la loi, est convenablement et partout exercée.

Le seul moyen absolument sûr d'éviter les dangers de la viande qui provient d'animaux tuberculeux, c'est de la soumettre à une cuisson suffisante pour atteindre sa profondeur aussi bien que sa surface : les viandes complètement rôties, ou bouillies et braisées sont seules sans danger.

VI

D'autre part, le germe de la tuberculose pouvant se transmettre de l'homme tuberculeux à l'homme sain, par les crachats, le pus, les mucosités desséchés et tous les objets chargés de poussières tuberculeuses, il faut, pour se garantir contre la transmission de la tuberculose :

1° Savoir que les crachats des phtisiques étant les agents les plus redoutables de transmission de la tuberculose, il y a danger public à les répandre sur le sol, les tapis, les tentures, les rideaux, les serviettes, les mouchoirs, les draps et les couvertures ;

2° Être bien convaincu, en conséquence, que l'usage des crachoirs doit s'imposer partout et pour tous.

Les crachoirs doivent toujours être vidés dans le feu et nettoyés à l'eau bouillante ; jamais ils ne doivent être vidés ni dans les latrines, ni dans les fumiers, ni dans les jardins, où ils peuvent tuberculiser les volailles et les chiens.

3° Ne pas coucher dans le lit d'un tuberculeux ; habiter le moins possible sa chambre, mais surtout ne pas y coucher les jeunes enfants ;

4° Éloigner des locaux habités par les phtisiques les individus considérés comme prédisposés à contracter la tuberculose : sujets nés de parents tuberculeux, ou ayant eu la rougeole, la variole, la pneumonie, des bronchites répétées, ou atteints de diabète, etc. ;

5° Ne se servir des objets qu'a pu contaminer le phtisique (linges, literie, vêtements, objets de toilette, tentures, meubles, jouets) qu'après désinfection préalable (étuve sous pression, ébullition, vapeurs soufrées, peinture à la chaux) ;

6° Obtenir que les chambres d'hôtels, maisons garnies, chalets ou villas occupées par les phtisiques dans les villes d'eaux ou les stations hivernales, soient meublées et tapissées de telle manière que la désinfection y soit facilement et complètement réalisée après le départ de chaque malade ; le mieux serait que ces chambres n'eussent ni rideaux, ni tapis, ni tentures ; qu'elles fussent peintes à la chaux et que le parquet fût recouvert de linoléum.

Le public est le premier intéressé à préférer les hôtels dans lesquels pareilles précautions hygiéniques et pareilles mesures de désinfection si indispensables sont observées.

Imprimerie Edmond Monnoyer.

Le Mans. — Typographie Edmond MONNOYER.

www.ingramcontent.com/pod-product-compliance
Lightning Source LLC
LaVergne TN
LVHW052033160826
845678LV00003B/1314
* 9 7 8 2 3 2 9 6 2 9 8 3 4 *